देश अब रुकने वाला नहीं है

DESH AB RUKNE WALA NAHIN HAI

प्रेम सिंह 'गौड़'

क्रम-सूची

1. ऐलान

चुप बैठे हैं हम इसका मतलब
मत सोच कि तुझसे डर गये हैं।
हम सदा चाहते शांति जगत में
सहन अतः मनमानी कर गये हैं

यदि नाज तुझे अपनी ताकत पर
हो तो कभी आजमा लेना
हम देखते हैं क्या करती है
संग अणुबम के तेरी सेना

बेशर्म शर्म जरा तो कर
दो बार धूल तू चाट चुका
यदि और चाटनी बाकी है
तो आ लड़ले देंगें हिसाब चुका

लड़ने से पहले एक बात
जहन में अपने उतार लेना
इतिहास उठाकर भारत के
वीरों की गाथाएं पढ़ लेना

कर दिया क्षमा दो बार तुझे
नहीं अबकी बार करने वाले
यमदूत बने बैठें हैं हम
ओ मूरख हमसे लड़ने वाले

अतः अज्ञानी तुझको हम
देते हैं एक बात बतलाये
कहीं तेरी चुनौती ही तेरे लिए
पैगाम मौत का न बन जाये

2. अहा! मैं क्या समझाऊं तुम सबको

अहा! मैं क्या समझाऊं तुम सबको

क्या आज वतन में हो रहा

अन्याय और आतंक की ज्वाला में

हिन्दुस्तान हमारा जल रहा

अफसोस मुझे उन राज्यों पर

जहां विद्रोह की ज्वाला धधक रही

जहां हमारा धर्म और,

संस्कृति हमारी जल रही

निर्दोष लोग मारे जा रहे

दोषी आनंद हैं मना रहे।

काला धंधा व चोरी कर

कुटिया से महल बना रहे

कहीं न्याय नहीं, कहीं धर्म नहीं

कहीं नजर नहीं आता ईमान

कहीं प्यार नहीं विश्वास नहीं

नहीं दिल में किसी के देशाभिमान

देखकर दुर्दशा वतन की,

हृदय गमगीन हुआ जाता

लोगों की करूण कथाएं सुन

फूट फूट रोना आता

जन जन के मुखार बिंद से आज

केवल एक आह निकलती है

जे शोषण, आतंक, अन्याय की
दुःखभरी व्यथा उगलती है।
अब तुम ही जरा विचार करो
बन सकता है कैसे देश सबल
जब जनता में उत्साह, उमंग
होना न तनिक, भी आत्मबल
ले सीमा विवाद, प्रांतीयतावाद
हिन्दवासी पतन के बीज बो रहा
अहा! मैं क्या समझाऊं तुम सबको।
क्या आज वतन में हो रहा।

सन्दर्भ:- जब अस्सी के दशक में देश के विभिन्न राज्यों में आतंकवाद/उग्रवाद की समस्या चरम पर थी

3. ओ साथी भारत के रहने वाले (तर्ज: ''छोरा गंगा किनारे वाला'')

बात सुनाने आया एक तुम्हें, सुन लो ध्यान लगाय

ऐसे काम दिखाओ करके, देश ऊँचा हो जाए

ओ साथी भारत के रहने वाले, वतन है अब तो तुम्हारे हवाले

तुम सब ऐसा करो कमाल, देश के हो जायें निराले हाल ।।

ओ साथी भारत के रहने वाले, वतन है अब तो तुम्हारे हवाले

था सोने की चिड़िया..................

इस पे सबकी नजर थी - हाय-हाय-हाय

देखो कितना प्यारा, यह भारत देश हमारा

सैंतालीस में पीछा छूटा, गोरों से हमारा,

देश का ऊँचा करो तुम भाल ।।

ओ साथी भारत के रहने वाले, वतन है अब तो तुम्हारे हवाले

देखो पंजाब हमारा, इसे भड़काती दुनिया-हाय-हाय-हाय

देते तोपें गन पिस्तोलें, कोई देते हैं हथगोले,

जो विरूद्ध देश के हममें, भड़काते है शोले

उनका जड़ से करो हलाल ।।

ओ साथी भारत के रहने वाले, वतन है अब तो तुम्हारे हवाले

चन्द्र शेखर, भगतसिंह ये हैं देश की शान -हाय-हाय-हाय

इन पर बलि-बलि जाये, गांधी -नेहरू भी मन भाये

तिलक, गोखले, लाल बहादुर की तरह बन जायें
और बने विपिनचन्द्रपाल ।।
ओ साथी भारत के रहने वाले, वतन है अब तो तुम्हारे हवाले

4. हालात-ए-वतन

है चैन कहीं नहीं, मैंने देखा वतन का कोना-कोना
हालात-ए-वतन क्या बयां करूं, बस देखा रोना ही रोना
भर आई आँखें मेरी भी, जब देखा सबको रोते
देखा अन्याय और आतंक की, ज्वाला में सबको सोते
मौत आज बनकर रह गई है, केवल एक खिलौना ।
है चैन कहीं नहीं, मैंने देखा वतन का कोना-कोना ।।

प्रांतीयतावाद, कहीं भाषावाद, कहीं जातिवाद का झमेला
कहीं सत्य, त्याग, अहिंसा का, नहीं देखा मैंने मेला
गुलशन फूलों का देखा नहीं, देखा शूलों का बिछौना ।
है चैन कहीं नहीं, मैंने देखा वतन का कोना-कोना ।।

मतभेद पनप रहे, हिन्दू, मुस्लिम, सिक्ख, ईसाई बीच
क्या कहूं आपसे कैसे हो रहे, काम नीच से नीच
भाई चाहता है, भाई के खूं से ही हाथ धोना ।।
है चैन कहीं नहीं, मैंने देखा वतन का कोना-कोना ।।

सन्दर्भ:- जब अस्सी के दशक में देश के विभिन्न राज्यों में
आतंकवाद/उग्रवाद की समस्या चरम पर थी

5. आतंकवादी

संस्कृति और मानवता का,
कर रहा हनन आतंकवादी
संविधान महल में बैठ न्याय
देख रहा है बरबादी
चीखें, चिल्लाहट, विनती, अर्ज
बेमतलब साबित होती है
आज समक्ष आतंकवादी के
मानवता झर-झर रोती है
हृदय में दिल नहीं, पत्थर है
आँखों में बैठा है शैतान
बच्चा, बूढ़ा या औरत हो
कर देता कत्ल निर्दयी हैवान
और करता है मांग बेवकूफ आज,
माता से अलग हो जाने की
पर खबर नहीं है मूरख को
स्वयं भस्म हो जाने की
कि जब डाली पेड़ से हो अलग,
अपना अस्तित्व बनाती है
तो सूरज की भीषण गर्मी में
हो निःसहाय स्वयं जल जाती है।

सन्दर्भ:- जब अस्सी के दशक में देश के विभिन्न राज्यों में
आतंकवाद/उग्रवाद की समस्या चरम पर थी

6. व्यंग्य - मेरा भारत महान है

कहने की जरूरत पाते है, टीवी पर दिखलाते हैं
मेरा भारत महान है, मेरा भारत महान है
चरमराती अर्थव्यवस्था है, ईमान बिक रहा सस्ता है
जिस ओर दृष्टि है फैलाई, पाया पुलिस का दस्ता है
हर दिल में शैतान है, मेरा भारत महान है
चिथड़ों में लिपटी सड़ी हुई, फुटपाथों पर पड़ी हुई
परिधान गरीबी का ओढ़े, संतान हमारी पड़ी हुई
नेता इससे अनजान हैं, मेरा भारत महान है
बाप का कंधा बेटे की लाश, घर में कोहराम, सिसकती श्वास
दुल्हन आज कल उजड़ी मांग, उड़ाते प्रशासन परिहास
संस्कृति की यह पहचान है, मेरा भारत महान है
अलगाववाद है धर्म बना, हिंसा व लूट कर्म बना
वासना की कीचड़ से, है निर्मल मन और तन सना
मां-बहन की नहीं पहचान है, मेरा भारत महान है।

सन्दर्भ:- जब अस्सी के दशक में देश के विभिन्न राज्यों में
आतंकवाद/उग्रवाद की समस्या चरम पर थी

7. हे हिंदवासी हो तैयार

हे हिंदवासी हो तैयार,
अपनों पर अत्याचार हो रहा।
सब पड़े दर्द से कराह रहे,
तू इधर चैन से सो रहा।।
क्या यही पुरूषार्थ तुम्हारा है
जरा मुझे बतलाओ तो
क्या पुरखों की सौगात यही
जरा मुझे समझाओ तो
आज सिंह के बच्चे सियार
हैं कुछ समझ नहीं आता
अपनों का यह हाल देख
मेरा हृदय बैठा जाता
सब अपने गौरख धंधों में
मद मस्त हुए जाते हो
अपनों पे अत्याचार को
न जाने कैसे देख पाते हो
इस प्रकार क्या राणा, शिवा के,
वंशज कहला पाओगे
गीदड़ के से कार्य करोगे
कैसे सिंह कहलाओगे
हिंदवासी ले तलवार तू
इन वीरोचित हाथों में
आग लगा दे रे हिंदवासी,
बैरियों के जज़्बातों में

अपने पुरखों के पौरूष को
याद करो और वैसे बनो
नहीं कदम पीछे हटाना है,
चाहे बैरी दल हो घनो
इन बैरियों की जान के
तुम्हें ग्राहक बन जाना है
एक जुट हो हम सभी को
अत्याचार मिटाना है
चुपचाप यदि तुम देखोगे
अपनों पे अत्याचार को
तो तुम्हें भी मरना पड़ेगा
एक दिन लाचार हो
इसलिए अपनों की रक्षा में
अपना सर्वस्व अर्पण करो
वीरों के तुम वंशज हो
वीर अपना नाम धरो
सभी को निज बंधु समझ
असीम प्यार उनसे करो
डरना है ईश्वर से डरो
नहीं किसी से और डरो
मरना है तो हे हिंदवासी
अपनों की रक्षा हेतु मरो
नाश करना है किसी का
तो बैरियों का नाश करो
क्यों तू चैन की बंशी बजा
मतवाला हो रहा
हे हिंदवासी हो तैयार,
अपनों पे अत्याचार हो रहा

8. क्यूँ भला

दौर पागलपन का है यहां चल रहा
धर्म की लपटों में देश जल रहा
हम एक ही धरती की गोद में पले
क्यूँ भला आपस में फिर छुरियां चले
देश में मंदिर और मस्जिद हैं अनेक
पर सर्वशक्तिमान ईश्वर तो है एक,
क्यूँ भला बदनाम फिर इसको करें
कि नाम पर इसके हम आपस में मरें
राम खुश होंगे सभी मिलकर रहें
खुश होंगे अल्लाह दुश्मनी न रहे
यही है मानवता की अवधारणा
न्याय की न हो अतः अवमानना
भूलकर हम भेदभाव, सब एक हों
राष्ट्र की उन्नति में, सब शरीक हों
यही सच्ची देशभक्ति, धर्म है
यही ईशपूजा, यही कर्म है,
नहीं कोई भेदभाव ईश के दरबार में
क्यूँ भला फिर पल रहा है मानवी आचार में
हैं भिन्न-भिन्न धर्म, जाति और रंग
पर प्रवाहित रक्त वही, वहीं अंग
क्यूँ भला फैले रगों में जहर फिर संकीर्णता का
क्यूँ भला कारण बनें यह इस वतन की क्षीणता का

9. व्यंग्य - उन्नति के शिखर पर पहुंचा दो भारत को

उन्नति के शिखर पर पहुंचा दो भारत को
जनता गर्त में जाये तो कोई बात नहीं
यही तो आधुनिकता का सिद्धान्त है
यही विज्ञान की देन है
कि संस्कृति व मौलिकता
मुक्ति को बैचेन है
लगा दो बुल्डोजर और मिटा दो जंगल
ताकि वातावरण शुद्ध न हो
बदल दो खेतों को आवासीय क्षेत्रों में
ताकि पर्याप्त अनाज पैदा न हो
शहरों में तबदील कर दो गांवों को
हमारी संस्कृति तबाह हो तो कोई बात नहीं।। उन्नति।।
जगल काटकर कारखाने लगाओ
आकाश में धुएं के काले बादल उड़ाओ
बिगड़ने दो लोगों का स्वास्थ्य
और फिर जगह-जगह अस्पताल खुलवाओ
पश्चिमी परिवेश में एज्यूकेटेड कहलाओ
भीतर का नंगापन झलके तो कोई बात नहीं ।।उन्नति।।
आबादी दिन दूनी रात चौगुनी बढाओ
गिनीज बुक में भारत का नाम चमकाओ
अपनी-अपनी ढपली ले अपना अपना राग गाओ
सांप्रदायिकता कटुता के बीज पनपाओ

घोंप दो छुरी अपनों ही की पीठ में
कोई अपना हमें भी घोंपे तो कोई बात नहीं
मजबूत आर्थिक स्थिति के लिए
कारगर उपाय अपनाओ
अरबों में खरबों में विदेशी कर्ज लो
पांच साल शासन चलाओ
अपना घर बनाओ चैन की बंशी बजाओ
देश गिरवी भी रखना पड़े तो रख दो कोई बात नहीं
आंसू की जगह खून बहे तो
दिल पत्थर कर लो और बहने दो
हर सरकारी दफतर में
तुम भ्रष्टाचार को पलने दो
जनता को भूख से बिलखने दो
महंगाई यदि गगन छुए तो कोई बात नहीं

10. हमको तो निरंतर बढ़ना है

सहमी सहमी सी वादियां हैं
बह रहा लहू का झरना है
ऐ मेरे वतन के रखवालों
पग पग पर संभलकर चलना है।।
नहीं मूल्य किसी मजहब का है
सब खेल पार सरहद का है
है कठिन परीक्षा का दौर मगर
हमको तो खरा उतरना है।।
बम गोली की आवाजों से
लगती है दीवाली यहां वहां
नादानी से जो खेल गए
तो बेमौत यहां फिर मरना है।।
रातों की खामोशी में,
लहू की गरम जोशी में
आजादी की अंधी धुन में
इन्हें कुछ भी कर गुजरना है।।
हो बांहें फैलाये मौत खड़ी
हो दुश्मन की चाहे फौज बड़ी
बेखौफ, निडर कंटक पथ पर
हमको तो निरंतर बढ़ना है।।

11. हिन्दवासी कब तक सोयेगा।

हिन्दवासी कब तक सोयेगा, क्या जगने का विचार नहीं
अपनी मातृभूमि से तुझको, क्या बिल्कुल भी प्यार नहीं

क्या भूल गया तू वीर शिवा को, या भूला है महाराणा को
क्या भूल गया तू नेताजी को, था आजादी दीवाना जो
क्या अपनी रक्षा करने को, तू बिल्कुल तैयार नहीं
हिन्दवासी कब तक सोयेगा, क्या जगने का विचार नहीं

क्या तू वह हिन्दवासी नहीं, जिसका जोशीला खूं उबलता था
जो लाखों दुःख सह कर के भी, सत्मार्ग नहीं बदलता था
क्या राम राज्य पाने के लिए, तू बिल्कुल भी बेकरार नहीं
हिन्दवासी कब तक सोयेगा, क्या जगने का विचार नहीं

क्या देख सकेगा गढ्ढे में, अपने वतन को गिरते हुए
क्या अपने पुरखों की तरह, तू नही हंसेगा मरते हुए
क्या निज मान मर्यादा का भी, बिल्कुल तुझे विचार नहीं
हिन्दवासी कब तक सोयेगा, क्या जगने का विचार नहीं

"जय हिन्द"

12. माँ धरती, ये पुकार रही (तर्ज - शायद मेरी शादी का ख़याल)

माँ धरती, ये पुकार रही, तैयार होना है।

दुश्मन के लिए, इस जंग में हमें, तलवार होना है।

अरे हाँ, दुश्मन के खूं से हमें, ये हाथ धोना है।

इसीलिए दुश्मन के लिए, तलवार होना है।

क्रांति के, बीज तुम, देश में उपजाना

त्याग और बलिदान के, पौधे भी लगाना

क्यों, तुम, सब यहां, खड़े हुए हो

जाओ करो, रक्षा जिसकी, गोद में बड़े हुए हो

अरे माना भाई माना, तुमने सही कहा

सुन लो, सभी सुन लो, इन्होनें जो कहा

हां, चैन की नींद, हमें अभी, नहीं सोना है

दुश्मन के लिए, इस जंग में हमें, तलवार होना है।

अरे ना डरो, रक्षा करो, सीमा पर चलकर

शत्रु से, युद्ध करो, जरा तुम डटकर

सही है, माना हमने, मर भी अगर जायेंगे

देश के प्रति, फर्ज अदा, हम ये कर जायेंगें

संकट में देखो, लड़ना पड़ता है।

लाखों वीरों को, मरना पड़ता है

संकट में वीरों हमें धैर्य, नहीं खोना है

दुश्मन के लिए इस जंग में हमें तलवार होना है।

13. शत्रु सीमा पर अपनी आ जाये अगर (तर्ज - प्यार के मोड पर मिल गये हो अगर...)

शत्रु सीमा पर अपनी आ जाये अगर
उसको जड़ से मिटाने का वादा करो
देश ऊँचा उठाने की कोशिश करो
जां भी देने का अपनी ये वादा करो

देखो तो काम देश में, कितने अधूरे हैं।
मिलकर करें तो हो, सकते पूरे हैं
मिल जुलकर कर सकते हैं कार्य सभी
इसलिए मिलकर रहने का वादा करो
शत्रु सीमा पर अपनी आ जाये अगर
उसको जड़ से मिटाने का वादा करो

किसी के सामने कभी, नहीं दीन बनना है
शान से जीना है और शान से मरना है।
निर्धनता भी हमपे आ जाये अगर
तो भी चोरी न करने का वादा करो
शत्रु सीमा पर अपनी आ जाये अगर
उसको जड़ से मिटाने का वादा करो

किसी के सामने कभी, सिर न झुकायें
चाहे वतन के लिए कुर्बान हो जायें
नहीं करने दो किसी को अन्याय तुम
और तुम भी न करने का वादा करो
शत्रु सीमा पर अपनी आ जाये अगर
उसको जड़ से मिटाने का वादा करो

14. यदि सत्ता की बागडोर

यदि सत्ता की बागडोर
मिले किसी को तुममें से
मृत प्राय अर्थव्यवस्था में
नूतन प्राण फूंकने होंगे

अयोध्या, मथुरा और काशी के
मसले सभी सुलझाने होंगे
जनता की अपेक्षा है
रामराज्य आ जायेगा
यह सपना साकार हो सारा
ऐसे कदम उठाने होंगे

आजादी से लेकर अब तक
कई जयचंद पल बड़े हुए हैं
पर वक्त की पुकार है अब
कि इनको सबक सिखाने होंगे

वैसे तो सर्व विद्यमान
हो गया है भ्रष्टाचार यहां
पर इसका अंत असंभव है
ये संशय सभी मिटाने होंगे

मिलावट का दौर भयंकर
लेबल नया गुणवत्ता पुरानी
स्वअस्तित्व बचाना है तो
फूंक फूँक डग भरने होंगे

दानव दो मुंह फाड़े खड़े
बेरोजगारी और महंगाई
भारत की पावन धरती से
ये दानव दूर भगाने होंगे

वक्त के मौसम से पहले
नहीं हो चुनावी बारिश और
बहे न पैसों का पानी
ऐसे उपाय तुम्हें खोजने होंगे

दिग्भ्रमित कुछ लोगों को
अलगाववाद का भूत चढ़ा
वे जुड़ जायें मुख्यधारा से
वो समाधान खोजने होंगे।

जनसंख्या बम दिन-ब-दिन
विस्फोटक बनता जा रहा है
अब और न आगे विस्फोटक हो
सख्त कदम उठाने होंगे

देश की अस्मिता और
अखण्डता हो सर्वोपरि
आंच न इसको आ पाये
ऐसे सैन्य अस्त्र जुटाने होंगे ।

जिसकी लाठी उसकी भैंस
यह कहावत सदा चरितार्थ हुई
अतः परमाणु कार्यक्रम
निःसंदेह तुम्हें चलाने होंगे

कुर्सी के नीचे सारे वादे
नहीं आप दफना देना
वक्त हाथ में थोड़ा है
सब कार्य शीघ्र कराने होंगे

हम ही तख्त सौंपतें हैं
और हम ही तख्त पलटते हैं
ये जन शक्ति के अहसास तुम्हें
हे भद्रपुरूष समझने होंगे ।

15. अल्पमत सरकार

क्या सत्ता की गाड़ी के पुर्जे
पांच वर्ष चल पायेंगे
क्या विरोधी नेता यूं
चुपचाप बैठे रह पायेंगे
बात चर्चा की यही
चिंता का विषय भी यही
राजनीति के ठेकेदार
देश कहां ले जायेंगे
टपकाते लार जो सत्ता खातिर
सिद्धांतों की होली जला
अपना घर न ठिकाना जिनका
वो औरों का घर क्या बसायेंगे
जिन्हें देश का ध्यान नहीं
आर्थिक पिछड़ेपन का भान नहीं
वे ईश्वर जाने, सोने की
चिड़िया को कहां डुबायेंगे।
जो सत्ता लोलुप हैं व
जिनको सता, नहीं मिली
मौका हाथ में आते ही
चुनावी खर्च बढ़ायेंगे
अतः सावधान, ओ भद्र लीडरों
ऐसे सत्ता लोलुप नेताओं से
जो आज समर्थन देकर
कल, ले वापस सरकार गिरायेंगे।

16. भ्रष्टाचार के घाव

आदर्श में गुम आदर्श हुआ
टु जी में हुई मनमर्जी
कोयले में काले हाथ किये
कॉमनवेल्थ में बने बिल फर्जी
जिनकी पहरेदारी थी
वे खुद चोरी में शामिल हैं
बाकी सब सत्ता के मद की
गफलत में ही गाफिल हैं ।।
कौन जगाये इन सोये हुए
भारत के पहरेदारों को
कौन निकाले ढूंढ ढूंढ़कर
घर के ही गद्दारों को
कौन खिलाफत करे शासन के
दुर्योधन दुःशासन की
सब मस्तक नीचा किए हुए
चिंता में अपने आसन की।।
जिसने भी उठाया सिर अपना
सिर उसका कुचल दिया यारों
पर थम जायेगा दमन चक्र यह
यदि उठ खड़े हुए तुम सब यारों।।
शहर शहर और प्रांत प्रांत में
एक हूक सुनाई देती है
भ्रष्टाचार और कालेधन की
गूंज सुनाई देती है।

पर सत्ता के गलियारों में
सन्नाटा सा छाया है
जन आक्रोश की सुनामी आहट
कोई नहीं सुन पाया है।
लेकिन चुनावी मौसम में
फिर वादों की बौछारें होगी
रंग बदलते नेताओं की
आपस में तकरारें होंगी
भ्रष्टाचार उन्मूलन के फिर
गीत सुनाये जायेंगे।
आर्थिक सामाजिक प्रगति के
सब्जबाग दिखाये जायेंगे।
पर अब जो सुनामी आयेगी
वो चट्टानों से टकरायेगी
चूर चूर कर चट्टानों को
साथ बहा ले जायेगी।।
रामदेव व अन्ना जी ने
हमको राह दिखाई है
भ्रष्टाचार व काले धन के
प्रति अलख जगाई है।।
जनहित की बात कही है
जनमानस को जगाया है
भ्रष्टमुक्त भारत की दिशा में
अपना कदम बढ़ाया है।।
समय आ गया आस्तीन के
सांपों को कुचलने का
भ्रष्टमुक्त भारत का सपना
कर साकार उछलने का।।
हाथ तुम्हारे मत की ताकत

सोच समझ उपयोग करें
ईमानदार प्रतिनिधि चुनें
और सुशासन उपभोग करें ।।
संसद के गलियारों में अब
संवेदनहीन न जाने पायें
वरना तिल तिल भ्रष्टाचार के
घाव कहीं हम सह नहीं पाएं ।

17. ललकार

संभल, वक्त है, वरना हश्र
वो होगा, सोच नहीं सकता
बलोचिस्तान अलग होगा
इसे कोई रोक नहीं सकता
अठारह के अड़तीस लिए
यह आगाज जरा सा देखा है
घर में घुसकर के मारेंगें
अब कोई न सीमा रेखा है
लद गये जमाने बातों के
अब एक्शन की ही बारी है
पलटवार से लड़ने की
पूरी-पूरी तैयारी है
एक इंच बढ़ा आगे तो
हम मीलों मील बढ़ जायेंगें
नक्शे पर से नाम मिटाने
को पीछे पड़ जायेंगें
अतः सावधान! हे मूर्ख फिक्र कर
स्वअस्तित्व बचाने की
सपने में भी सोच न लेना
हिंद में आतंक मचाने की
ललकार हमारी हल्के में
लेने की भूल न अब करना
क्यूंकि हमारी इच्छा पर अब
वार कहां और कब करना।।

18. अब सूरत संवरना चाहिये

बोझ दिल से देश के
अब तो उतरना चाहिए
कि दुष्ट पाकिस्तान के
अब पर कुतरना चाहिए
ख्वाब दिन में देखना
कश्मीर का वो छोड़ दे
अन्यथा हमें पांव तले
यह अरमान कुचलना चाहिए
घाव आतंकवाद के
अनगिनत हैं हमने सहे
सर्जरी कर ठीक कर दो
अब सूरत संवरना चाहिए
डर नहीं परमाणु जंग की
गीदड़ भभकी से हमें
हम भी हैं सक्षम उसे
यह बात समझना चाहिए
चाहते हैं प्यार से
अमन की भाषा समझ ले
कर दो वरन फिर रक्तरंजित
दर्द में बिलखना चाहिए

"जय हिन्द "

19. कर दें हम वतन की सेवा में ("तर्ज: छू लेने दो नाजुक होठों को")

कर दें हम वतन की सेवा में,
अर्पित तन-मन-धन जीवन

यही एक हमारा धर्म होगा,
यही होगा कर्त्तव्यपन
बेकार न यूं ही खो देना,
अमूल्य जीवन की घड़ियाँ
हर एक पल हमारे जीवन का,
हो सत्कार्यों में संलग्न
कर दें हम वतन की सेवा में,
अर्पित तन-मन-धन जीवन

भारत को कमजोर बना देना,
दुनिया का घृणित इरादा है
दुनिया के इस घृणित इरादे का,
करना हम सबको है मिल के हनन,
कर दें हम वतन की सेवा में,
अर्पित तन-मन-धन जीवन।

जाति, भाषा, धर्म भेद, नहीं पनपने देना है
मुस्लिम, हिन्दू, सिक्ख, ईसाई मिल,
रहो सदा यही 'प्रेम' कथन
कर दें हम वतन की सेवा में,
अर्पित तन-मन-धन जीवन।।

20. आओ गणतंत्र मनायें

संविधान हुआ था लागू जिस दिन, उसको आज मनाएं
आओ गणतंत्र मनाएं, आओ गणतंत्र मनाएं

गाँधी, नेहरू को हम सब, श्रद्धा से शीश झुकाएं
उनके हैं उपदेश उन्हीं को, जीवन में अपनाएं
हम सब झंडे के नीचे मिल, जन गण मन को गाएं
आओ गणतंत्र मनाएं, आओ गणतंत्र मनाएं

इस झंडे की ख़ातिर, कितने वीर शहीद हुए हैं
इसके ख़ातिर हम लोगों ने, क्या-क्या नहीं किए है।
आओ इस झंडे की महिमा, सबको ही समझाएं
आओ गणतंत्र मनाएं, आओ गणतंत्र मनाएं

तम मन धन हो देश समर्पित, मन में यह व्रत धारें
राष्ट्र सेवा को करके हम सब जीवन अपना सवारें
जन-जन के हृदय में भी हम, देशप्रेम जगायें
आओ गणतंत्र मनाएं, आओ गणतंत्र मनाएं

21. देश है प्यारा मेरा (तर्ज - प्यार का तोहफा)

देश है प्यारा मेरा, लगता अहिंसा का डेरा

देवों ने भी यहां जन्म पा लिये...

हम सबको और क्या चाहिये

स्वर्णिम चिड़िया, है यह वतन

जगद्गुरू भी, है यह वतन

करें हम सब, इसको नमन

देखूं मैं सुस्त, सबको तुम्हें, धड़के है दिल फिर मेरा...

हम सब भारत की, एक शान है।

भारत का जग में सम्मान है

दुनियां का यह सरताज है।

इस पर हमें बड़ा नाज है

देशप्रेम में जकड़ा हुआ, है यह नन्हा दिल मेरा

"जय हिन्द"

22. राष्ट्र निर्माण हमें करना है

सुन सभी हिन्दवासियों लो, राष्ट्र निर्माण हमें करना है
हम हिन्द के हैं राज दुलारे, सिंह सपूत हमें बनना है।
मतभेदों को हमें मिटाकर, सबको एक बनाना है
भारत के हर वासी को, संगठन का मंत्र पढ़ाना है।
भारत माँ पर यदि कोई, बैरी आँख उठाये तो
अपनी सीमा पर यदि कोई बैरी कदम बढ़ाए तो
पहन केसरी बाना हमको, कूद समर में जाना है
अपने बाहुबल से हमें, बैरी को धूल चटाना है।
छुआछूत और भेदभाव, अन्याय, भ्रष्टाचार जो हैं
अपने ही घरों में छिपकर के, बैठे हुए गद्दार जो हैं
इन सबका संगठन में होकर हम सबको अंत करना है
सुन सभी हिन्दवासियों लो, राष्ट्र निर्माण हमें करना है

23. बंधो एक सूत्र में आकर

बंधो एक सूत्र में आकर
जरूरत है इसी की आज
दिखा दो दुनिया को फिर से
बना कर भारत को सरताज
अरे क्या सोचना इसमें
नहीं है काम यह मुश्किल
यदि रहते हो तुम सब हिन्दु,
मुस्लिम, सिक्ख, ईसाई मिल
जाति, धर्म, भाषा भेद को
जड़ से मिटा दो तुम
भारत के उजड़े कानन को
फिर से बसा दो तुम
रही यदि फूट आपस में
तो जानते हो परिणाम क्या होगा
हमारे पवित्र पावन देश पर,
विदेशी राज फिर होगा
अतः कहे "प्रेम" मिलजुल कर
रहो है इसी में सार
बना दो भारत को ऐसा
चमत्कृत रह जाये संसार

24. वायुसेना अकादमी

'वा' से वाह क्या चीज है
यह वायु सेना अकादमी
हर चीज लाजवाब यहां,
अनुशासित हर एक आदमी।

'यु' से युवक नौनिहाल देश के,
प्रशिक्षण यहां पाते है
कुछ फ्लाइंग ट्रेनिंग पाते हैं
कुछ प्रशासन ट्रेनिंग पाते हैं।

'से' से सेवक सच्चा देश का
हर सैनिक मतवाला है
वायु सेना अकादमी का,
बड़ा बोलबाला है।

'ना' से नाम रोशन वतन का
यहां प्रशिक्षित अफसर करता।
जब युद्ध क्षेत्र में नभमंडल में
दिखला रणकौशल मरता।

'अ' से अनोखी एयरोबेटिक्स
होती पी ओ पी को यहां
पैरा जम्पर मन मोह लेते
लहराते हवा में यहां वहां।

'का' से कार्यक्षमता तेज है
यहां हर सैनिक व अफसर की
कोई कभी भी नहीं मिलेगा
राह ताकता अवसर की।

'द' से दमखम नस-नस में है,
जोश रगों में भरा हुआ
देश के खातिर मर मिटने का
अरमान दिलों में सजा हुआ।

'मी' से मीत वतन भारत के
ये होनहार सैनिक, अफसर,
'प्रेम' लिखे क्या दिल खुद बोले
देखे कोई जब खुद आकर।

"जय हिन्द"

25. भर देश प्रेम का भाव हृदय में

भर देश प्रेम का भाव हृदय में
आगे कदम बढाना है
कंटक पथ हो, दुश्वार डगर
बेखौफ मगर बढ़ जाना है।

चाहे ईश आपदा की हो घड़ी
चाहे दुश्मन की हो फौज बड़ी
पहन केसरी बाना हमको
कूद समर में जाना है।।
भर देश प्रेम..................।।

चाहे निर्जन वन घनेरा हो
चाहे घना अंधेरा हो
होकर निडर लक्ष्य पथ पर
विश्वास भरे डग भरना है।।
भर देश प्रेम..................।।

हौसले बुलंद कर
दुश्मनों से द्वन्द कर
दुश्मनों को पांव तले
रौंदते हमें जाना हैं।।
भर देश प्रेम..................।।

सेवा भक्ति के नारे को
बल सदा अजेय, ललकारे को
चरितार्थ करेंगे शिद्दत से
ले दृढ़ निश्चय बढ़ जाना हैं।।
भर देश प्रेम.................।।

रातों की खामोशी में
लहू की गरम जोशी में
जो आजादी की, अंधी धुन में
उनको सबक सिखाना है।।
भर देश प्रेम.................।।

सब खेल सरहद पार का है,
बस नफरत की दीवार का है
चुन चुन इन शैतानों को
हमको अब पाठ पढ़ाना है।।
भर देश प्रेम.................।।

हम फौलादी सीने वाले
हम देश पे, मर मिटने वाले
नव सृजन हो गौरव गाथा का
ऐसा इतिहास बनाना है।।
भर देश प्रेम.................।।

"जय हिन्द"

26. निश्चय कर अपनी जीत करो

निश्चय कर अपनी जीत करो
पल व्यर्थ नहीं व्यतीत करो
हम हैं अमन के रखवाले
भारत मां के हम मतवाले
जाति, धर्म, भाषा बंधन से
हो इतर, कोई रीत करो।। निश्चय...।।

सेवा निष्ठा का भाव लिए
बल सदा अजेय हो, चाह लिए
विधि सम्मत एक्शन हो सारा
नहीं कोई कार्य विपरीत करो।। निश्चय....।।

जनता के लिए देवदूत हों हम
दुश्मन के लिए यमदूत हों हम
धुन अमन चैन की बजती हो
चहुँ ओर ऐसा संगीत भरो।। निश्चय....।।

जहां आतंकवाद का साया हो
जहां नक्सलवाद समाया हो
बन काल कहर बरपा देना
नहीं कोई दया, प्रीत करो।।निश्चय...।।

दुश्मन का झूठा सपना है
कश्मीर हमारा, अपना है
शमशीर उठा, सिंह गर्जन कर
दुश्मन को भयभीत करो
निश्चय कर अपनी जीत करो।।

"जय हिन्द"

27. धन्य वही है

धन्य वही है जिसने, भारत भू पर जन्म लिया।
और देशहित जिसने, निज सर्वस्व भेंट किया ।।

धन्य वही जिसके मन में, गौरव अभिमान देश का है।
धन्य वही जो कभी नहीं, सहता अपमान देश का है।।
है धन्य वही जिसने, देश सेवा का व्रत लिया।
और देशहित जिसने, निज सर्वस्व भेंट किया।।

जिसका उपकार हेतु निज जीवन, धन्य वही नर है।
जो औरों के हित मरता है, वह भी धन्य नर है।।
धन्य वही जिसने सत्य, अहिंसा का व्रत लिया।
और देशहित जिसने, निज सर्वस्व भेंट किया।।

धन्य वही जो देशप्रेम में, हो दीवाना चला।
धन्य वही जो बढ़ा कंटकों, में है सुमार्ग बना ।।
धन्य वही जिसने देश का, शत्रु खत्म किया ।
और देशहित जिसने, निज सर्वस्व भेंट किया ।।

धन्य वही जिसने निज आन, मान मर्यादा रक्खी।
धन्य वही जिसने नारी में, मातृभावना रक्खी।।
वह भी धन्य है जिसने, निर्धनों को दान दिया।
और देशहित जिसने, निज सर्वस्व भेंट किया।।

धन्य वही जिसने महापुरूषों का चरित्र अपनाया।
और प्रतिकूल परिस्थितियों, में भी सुमार्ग अपनाया।।
धन्य वही जिसने स्वदेश, का गुणगान किया ।
और देशहित जिसने, निज सर्वस्व भेंट किया।।

"जय हिन्द"

28. याद करेंगे दुनिया वाले

हम भारत के वीर है, भारत की तकदीर हैं।
याद करेंगे दुनिया वाले, हम कितने बलबीर हैं।
समर भूमि में हम रिपुदल के खट्टे दांत कर देते हैं
और कभी न हम किसी के सम्मुख शीश झुकाते हैं
हम सदा असहाय निर्धनों की, हरते दुःख वीर है।।
याद करेंगे दुनिया वाले, हम कितने बलबीर हैं।

फूलों के साथ हम कांटो में भी सदा मुस्काते हैं।
और मौत के दूत से भी खौफ नहीं हम खाते हैं।
हम बालक स्वतंत्रता प्रेमी, राणा से प्रणवीर हैं।
याद करेंगे दुनिया वाले, हम कितने बलबीर हैं।

आंधी, तूफानों में हम पर्वत बनकर अड़ जाते हैं।
जब कोई रोके मार्ग हमारा, नदियों सम बढ़ जाते हैं।
हम बेटे भारत माँ के, गुरू, गोविन्द सम कर्मवीर हैं।
याद करेंगे दुनिया वाले, हम कितने बलबीर हैं।

हम देश हित तन-मन-धन सब कुछ अर्पित कर देते हैं।
और तिरंगे को कभी नहीं हम ये झुकने देते हैं।
हम भी वीर शिवा सम ही बड़े धीरवीर हैं।
याद करेंगे दुनिया वाले, हम कितने बलबीर हैं।।।

29. केरिपु बल

केन्द्रीय रिजर्व पुलिस बल की,
अलग पहचान हमारी है।
देश की आंतरिक सुरक्षा,
हमारी, जिम्मेदारी है।
जात-पांत और भाषा, धर्म
बंधन से मुक्त सदा रहते।
ऊंच-नीच और छुआछूत से,
कोसों दूर हैं, हम रहते।
भारत माता की इज्जत हमको,
दिलो जान से प्यारी है।
केन्द्रीय रिजर्व पुलिस बल की,
अलग पहचान हमारी है।

रिजर्व केवल नाम का है,
बल तैनाती में हरदम है।
जहां समस्या पनपी है,
बल पहुँचा वहां पर हरदम है।
उग्रवाद, आतंकवाद या
नक्सलवाद का साया हो,
साम्प्रदायिक दंगे हों, या
मुद्दा, आरक्षण गरमाया हो,
हर मुश्किल से लड़ने की,
बल की पूरी तैयारी है।
केन्द्रीय रिजर्व पुलिस बल की

प्रेम सिंह 'गौड़'

अलग पहचान हमारी है।

पुलिस शब्द की सार्थकता,
हम पूरी करते आये हैं।
कानून व्यवस्था का दायित्व,
जब चाहा, निभाते आये हैं।
प्रशासन सहयोग हेतु,
तत्पर बल को पाया है।
ईश आपदा में भी बल ने,
अपना हाथ बढ़ाया है।
बल की शक्ति, क्षमताएं
सभी बलों से न्यारी है।
केन्द्रीय रिजर्व पुलिस बल की,
अलग पहचान हमारी है।

बहुमुखी आयामों पर बल,
सदा खरा ही उतरा है।
संकट की काली छाया में,
बन चाँद, सदा ही उतरा है।
सरकार, देश की जनता को,
भरपूर भरोसा हम पर है।
हमको वीर जवानों के,
जज्बे,हिम्मत और दम पर है।
दुश्मन दस हों, बल का जवान,
पड़ता एक ही भारी है।
केन्द्रीय रिजर्व पुलिस बल की
अलग पहचान हमारी है।

लड़ते रहना, दम आखिर तक,
स्वीकार नहीं, हार हमको।
निशां हमारी शहादत के,
ढूंढों एक, मिलेंगे हजार तुमको।
हम समतल, पहाड़, जंगलों में,
सब जगह तुम्हें दिख जायेंगें।
समस्याओं की जलधारा को,
मोड़ते हुए मिल जायेंगे।
देश की अखण्डता हमने,
सर्वोपरि विचारी है।
केन्द्रीय रिजर्व पुलिस बल की
अलग पहचान हमारी है।

|| जय हिन्द ||

30. मैं उस देश का बालक हूँ

मैं उस देश का बालक हूं, जहां राम कृष्ण ने जन्म लिया

जहां भगत सिंह और राजगुरु ने फांसी का फंदा चूम लिया

जहां महावीर और गौतम ने, अंहिसा का पाठ पढ़ाया है।

जहां लक्ष्मीबाई ने गोरों का जड़ से किया सफाया है।

जहां वीर शिवा ने औरंगजेब को नाकों चने चबा दिया ।।

मैं उस देश का बालक हूं, जहां राम कृष्ण ने जन्म लिया ।।

जहां महाराणा ने अकबर की नहीं मानी कभी दासता है।

जहां के लोगों के मन में सदा, ईश्वर के प्रति आस्था है।

जहां भामाशाह ने स्वामी की सेवा में सब कुछ भेंट किया ।।

मैं उस देश का बालक हूं, जहां राम कृष्ण ने जन्म लिया ।।

जहां राष्ट्र पिता गांधी जी ने, यह छुआछूत मिटाया है।

जहां लौह पुरूष वल्लभ भाई ने, एकीकरण कराया है।

जहां आजाद हिन्द फौज का नेताजी ने गठन किया ।।

मैं उस देश का बालक हूं, जहां राम कृष्ण ने जन्म लिया ।।

जहां अर्जुन से धर्नुधारी और भीम सरीखे बलशाली

जहां की धरती नहीं रहती है कभी भी वीरों से खाली

जहां केवल अभिमन्यु ने ही, चक्रव्यूह था तोड़ दिया।।

मैं उस देश का बालक हूं, जहां राम कृष्ण ने जन्म लिया ।।

जहां की धरती पर वेद व्यास ने, महाभारत की रचना की

जहां की धरती पर तुलसीदास ने, रामचरितमानस की रचना की
जहां मीरां ने जीवनभर था, श्री कृष्ण का गान किया।।
मैं उस देश का बालक हूं, जहां राम कृष्ण ने जन्म लिया ।।

जहां दयानंद स्वामी जी ने, यह आर्य समाज चलाया है।
जहां विवेकानंद स्वामी ने, वाणी रस बरसाया है।
जहां पृथ्वीराज ने सत्रह बार, मोहम्मद गौरी को हरा दिया।।
मैं उस देश का बालक हूं, जहां राम कृष्ण ने जन्म लिया ।।

जहां की धरती पर गंगा यमुना पावन नदियां बहती हैं।
जहां सरस्वती कावेरी भी निज कलित कथाएं कहती हैं
जहां की धरती पर सावित्री, सीता, राधा ने जन्म लिया।।
मैं उस देश का बालक हूं, जहां राम कृष्ण ने जन्म लिया ।।

जहां लाल किला और हवामहल की शोभा जग से न्यारी है।
जहां जामा मस्जिद, ताजमहल की छटा बहुत ही प्यारी है।
जहां है चित्तौड़ दुर्ग जिसमें था पदमनी ने जौहर किया।।
मैं उस देश का बालक हूं, जहां राम कृष्ण ने जन्म लिया ।।

जहा फतहसिंह और जोरावर थे दीवारों में चुने गये।
जहां के प्रथम प्रधानमंत्री मंत्री नेहरू जी थे चुने गये।
जहां तांत्या, नाना फडनवीस ने, स्वतंत्रता संग्राम किया।।
मैं उस देश का बालक हूं, जहां राम कृष्ण ने जन्म लिया ।।

जहा की धरती पर तिलक, गोखले, शास्त्री, सुखदेव थे
जहां की धरती पर भक्त ध्रुव, प्रहलाद और बलदेव थे।
जहां की धरती पर पन्नाधाय ने निज सुत का बलिदान दिया ।
मैं उस देश का बालक हूं, जहां राम कृष्ण ने जन्म लिया ।।

जहां सूरदास, दादू, कबीर जी और रहीम रसखान हुए
जहां बिहारी, गुरूनानक और जयशंकर थे महान हुए
जहां गुरू गोविंदसिंह ने पुत्रों का बलिदान दिया।
मैं उस देश का बालक हूं, जहां राम कृष्ण ने जन्म लिया ।।

जहां इंदिरा जी सी नारी थी, जिसने देश संभाला था
जिसके होते लगता अंधेरे में ये तेज उजाला था
जहां था महर्षि दधीचि ने निज हड़ियों का दान दिया।।
मैं उस देश का बालक हूं, जहां राम कृष्ण ने जन्म लिया ।।

जहां थे दानवीर कर्ण, विक्रमादित्य और ये अशोक महान
जिनका मन से आदर, करता था ये सारा जहान
जहां था भीष्म पितामह ने, शर शैया पर विश्राम किया।।
मैं उस देश का बालक हूं, जहां राम कृष्ण ने जन्म लिया ।।

जहां यशोदा, कौशल्या थी कृष्ण राम की माताएं
जहां के वीरों की इतिहास में है लम्बी लम्बी गाथाएं
जहां हरीशचंद्र ने सत्य खातिर निज पत्नि सुत को बेच दिया
मैं उस देश का बालक हूं, जहां राम कृष्ण ने जन्म लिया ।।

31. टूट जायें पर झुकें नहीं

यदि मुसीबतें घेरे हमको तो भी नहीं घबराना है।
चमकता सितारा बनकर सबके सम्मुख आना है।।

शेखर, सुभाष, आजाद की गाथाएं नहीं जाती कही
वो न रहे पर इस जग में उनकी यादें तो अमर रही
अपनी यादें भी अमर रहे, ऐसा करके काम दिखाना है
यदि मुसीबतें घेरे हमको तो भी नहीं घबराना है।।

तलवारों की छांव में कूदी वो लक्ष्मीबाई थी
देख के रणकौशल जिसका गोरों ने मुंह की खाई थी
कांटों से चाहे लड़ना पड़े पर फूलों को हमें पाना है
यदि मुसीबतें घेरे हमको तो भी नहीं घबराना है।।

अहिंसा के पुजारी गांधी और चाचा नेहरू महान थे
लाल बहादुर, तिलक, गोखले देश की अनुपम शान थे
वचनों पर मर मिट जायें सौगंध हमें ये खाना है
यदि मुसीबतें घेरे हमको तो भी नहीं घबराना है।।

प्रणवीर प्रताप, कर्मवीर गोविन्द, धीरवीर शिवाजी हुए यहां
सत्यवादी हरिशचन्द्र, प्रजापालक रामचन्द्र भी हुए यहां
टूट जायें पर झुकें नहीं, यह प्रण हमको निभाना है
यदि मुसीबतें घेरे हमको तो भी नहीं घबराना है।।

32. हम बनेंगें राणा वीर शिवा

हम बनेंगें राणा वीर शिवा, जग में नाम अमर कर देंगें
मातृभूमि की सेवा में हम तन-मन-धन अर्पण कर देंगें।
करना था शासन जिसको वो पहले ही कर लिया होगा।
हम वीरों के सामने अब भारत संकट में नहीं होगा।
बुरी निगाह से देखेगा जो पावन पवित्र इस देश को
नयनों से ज्योति हर लेंगें मारेंगे पकड़ के केश को
दुश्मन सीमा पर आये तो उनको ऐसा मजा चखाएंगें
हाथों में ले खंग खप्पर उन के खूं से नदियां बहाएंगे।
कौन करता है गद्दारी देश से, मालूम जो हम ये कर लेंगें।
तो सोचो उन गद्दारों को जिन्दा भूमि में दफना देंगे।
कर -कर के नयी खोजें हम प्रगति भारत में ला देंगे।
भुखमरी और गरीबी का हम नामों निशां मिटा देंगें।

||जय हिन्द||

33. वतन की लाज

अब आ गई है इस भारत की बागडोर तुम्हारे हाथों में
रखना है वतन की लाज तुम्हें, यह भार तुम्हारें हाथों में
लाखों ने कुर्बानी दी है जब आजादी हमने पाई है
सन् सैंतालीस में आकर के अंग्रेजी सत्ता हटाई है।
कर सके न हम पर कोई राज, ये सब है तुम्हारे हाथों में
रखना है वतन की लाज तुम्हें, यह भार तुम्हारें हाथों में

यदि मिलजुल कर तुम रहते हो, तो कुछ कर सकना नहीं मुश्किल
सबसे आगे हो यह भारत, इस को कर दो तुम इस काबिल
ऐसे बनो सिंह सपूतों तुम,ये जग हो तुम्हारें हाथों में
रखना है वतन की लाज तुम्हें, यह भार तुम्हारें हाथों में

दुश्मन सीमा पे न आ पाये, ऐसे जोरावर तुम बनो
आ जाये तो पीछे नहीं हटना, चाहे शत्रुदल हो घनो
जो करना है वो कर डालो, कुछ नहीं रखा है बातों में
रखना है वतन की लाज तुम्हें, यह भार तुम्हारें हाथों में

अहिंसा के पुजारी गांधी के, संदेशों को दिल में तोलो
संगठन ही मूल मंत्र है यह, मधुर वचन मुख से बोलो
देशप्रेम के भाव अनूठे तुम, भर दो वीरों सब जातों में
रखना है वतन की लाज तुम्हें, यह भार तुम्हारें हाथों में

अन्याय, अत्याचार को तुम, वतन में नहीं होने देना
कटुता के बीज इस देश में तुम, किसी को नहीं बोने देना।
बन जाना उजाला तुम वीरों, हिंसा की अंधेरी रातों में
रखना है वतन की लाज तुम्हें, यह भार तुम्हारें हाथों में

।। जय हिन्द।।

34. प्यारे हिन्दुस्तान

तुझ पर सब कुर्बान मेरे प्यारे हिन्दुस्तान
प्यारे हिन्दुस्तान, मेरे प्यारे हिन्दुस्तान
तुझमें वीर अनेको जन्मे, जग में तेरा सम्मान हिन्दुस्तां
निज तन भी बलि कर दूं तुझ पर, घटे न तेरा मान हिन्दुस्तां
दिल में यह अरमान।। मेरे प्यारे ....।।

कोई आंख उठाये तुझ पर, तो सुन ले तू हे हिन्दुस्तां
मैं जीवित नहीं छोड़ूं उसको, कसम मुझे तेरी हिन्दुस्तां
बात सही यह जान ।। मेरे प्यारे ....।।

तेरी आन मान मर्यादा, पे मर मिट जाऊं हिन्दुस्तां
सुनूँ कभी न तेरी बुराई, इन श्रवणों से मैं हिन्दुस्तां
तुझ पर है अभिमान ।। मेरे प्यारे ....।।

तू गुरू कहलाये विश्व का भी, मेरे प्यारे हिन्दुस्तां
देवों की तू जन्मस्थली, भी कहलाता है हिन्दुस्तां
तू सोने की खान ।। मेरे प्यारे ....।।

35. विजय दिवस की बेला पर

जिनने धोखे से घुस आये
दुश्मन को मार भगाया है
जिनने दुश्मन के कब्जे से
अपना क्षेत्र छुड़ाया है

प्राणों की परवाह किये बिना
जो दुश्मन से टकराये हैं
दुर्गम पहाड़ों की चोटी पर
तिरंगा फहराये हैं

जिनने विपदा को अवसर
गौरवगाथा का बनाया है
जिन वीर सपूतों ने माता का
दूध नहीं लजाया है

सरकार, देश की जनता की
आशाओं पे जो खरे उतरे
सहज भाव से असंभव, को भी
जो संभव कर गुजरे

प्रतिकूल भौगोलिक परिस्थिति में
अविचलित, अडिग जो डटे रहे
गोली सीने पर आयी मगर
ठिठके न तनिक बस बढ़ते रहे

जिनने सर्वोच्च बलिदान दिया
उन वीर सपूतों की जय हो
जो लड़े देश की रक्षा हित
उन रणबाँकुरों की जय हो

सम्मान हृदय से देश की सेना,
अफसर, वीर जवानों का
बलिदानी वीर सपूतों का
आज़ादी के परवानों का

कारगिल के योद्धाओं की जय
हर अफसर, सैनिक की भी जय
भारतमाता की आन बान
और शान तिरंगे की हो जय

विजय दिवस की बेला पर
गौरव, सेना का ध्यान करें
आओ हम सभी देशवासी
दिल से उनका सम्मान करें

जय हिन्द

36. एक जुट हो देश की रक्षा करें हिंदवासी सभी (छंद पर आधारित)

इस देश की दयनीय दशा, देखें नयन यह उचित नहीं
शत्रु की ललकार को, सुन सकें, यह वीरोचित नहीं
ले खंग खप्पर हाथ में, रिपुदल से कर संग्राम तू
जड़ से मिटा इस रिपुदल को, फिर कर विश्राम तू
तन में अंतिम सांस हो, तब तक कर रिपु से लड़ाई ले
मरना यदि मर देशहित और सकल जग से बड़ाई ले
हम एक हो संग्राम में, रिपुदल ये गहरो हो भले
पर रिपु के रे समक्ष, मस्तक न नीचा हो चले
सुन तिरंगे की शान में, ये आंच न आना चाहिए
रक्षार्थ इसकी जान की, बाजी लगाना चाहिए
कर लो सतर्क कर्णों को तुम, यह ध्यान से सुन लो सभी
एक जुट हो देश की, रक्षा करें हिंदवासी सभी

37. निज स्वार्थ को तू तज दे

हे हिंदवासी अब तो निज स्वार्थ को तू तज दे
परमार्थ करने का अब मन में दृढ़ व्रत कर ले।।
सुख और चैन की नींद तज, चहुँ ओर दृष्टि पसार ले।
अपने दुःखी भाईयों की स्थिति जरा निहार ले।।
तू अपने ही ख़यालों में मतवाला हो रहा है।
तेरे भाई रो रहे हैं, तू बेदर्द सो रहा है।।
कर त्याग इस धन वैभव का, मानव सेवा का कार्य कर
मन को खाली कर बुराई से, और भलाई से ले भर।।
भारत भू की सेवा कर खुद को धन्य बना ले।
तन-मन-धन सब कुछ माँ की सेवा में लुटा दे।।

।।जय हिन्द।।

38. अतिक्रमण की छुपी दास्तां

पानी को तरसते सावन में
बदरा को देखा करते हैं
बिन बरसे यूं न निकल जाये
बदरा, हम तो यूँ डरते है
आया भादो तो झूम झूम
बरसे बदरा ये घूम घूम
बरसों से सूखे ताल नाल
जो नहीं बहते थे, बहते हैं
पहले कोसा, नहीं बरसे तुम,
सावन में कहां तुम हो गये गुम
भादो में जब तरबतर हुये
अब रुक जाओ, यूं कहते हैं
ना बरसे तो सब ताने दें
बरसे तो भी सब ताने दें
ईश्वर असमंजस में यारों
सब क्या चाहते, क्या कहते हैं
कहीं सूखा तो कहीं बाढ़ भई
ईश्वर की माया नई नई
कहीं लोग तरसते पानी को,
कहीं पानी में ही बहते हैं
बहना था जहां जल बहा नहीं
रूकना था वहाँ जल रूका नहीं
अतिक्रमण की छुपी दास्तां
हालात बयां ये करते हैं

सरकारी दावे, इंतजाम और
निर्धन के ये घर मकाम
हो गये हैं पानी पानी सब
सुशासन दम फिर भरते हैं।।
• 60 •

जय हिन्द

39. क्यूं सरकार को यूं ही कोसते रहते हो

रेलवे प्लेटफार्म हो
अस्पताल, कोर्ट परिसर हो
सड़के, दुकानें, मॉल्स हो
या सैलून, ब्यूटी पार्लर हो
सब जगह साफ़ सफाई देख
क्यूं विचलित हुए जाते हो
यदि नहीं तो फिर क्यूं सरकार को
यूं ही कोसते रहते हो ।। 1।।

स्वाभिमान देश का जागा है
जग में भारत की शान बढ़ी
सीमा पर सेना गौरव से
फौलादी सीना तान खड़ी
भारत के बढ़ते कदमों से
क्यूं भला तिलमिलाते हो
यदि नहीं तो फिर क्यूं सरकार को
यूं ही कोसते रहते हो ।।2।।

धारा तीन सौ सत्तर को
कश्मीर से हटाया है
मुंस्लिम बहनों के हित में
ट्रिपल तलाक कानून लाया है

अयोध्या में रामलला मंदिर को
क्या बनता देख शरमाते हो
यदि नहीं तो फिर क्यूं सरकार को
यूं ही कोसते रहते हो ।।3।।

शहर-शहर में यहां वहां
जो बम धमाके होते थे
निर्दोष लोग मारे जाते
प्रियजन जिनके रोते थे
ये बम धमाके शांत हुए
इस बात पर क्या तुम रोते हो
यदि नहीं तो फिर क्यूं सरकार को
यूं ही कोसते रहते हो ।। 4।।

अमन चैन का देश पक्षधर
किंतु नहीं कमजोर रहा
दुश्मन को घर में घुसकर मारा
अपनों का जब खून बहा
सेना के रण कौशल पर तुम
क्या प्रश्नचिन्ह लगाते हो
यदि नही तो फिर क्यूं सरकार को
यूं ही कोसते रहते हो ।।5।।

जल थल नभ में नये नये
आयामों को पाया है
जल व सड़क परिवहन की
बदली नई काया है
स्वीकार देश की प्रगति को
करने में क्या शरमाते हो

यदि नही तो फिर क्यूं सरकार को
यूं ही कोसते रहते हो ।।6।।

भ्रष्टाचार उन्मूलन का
चल रहा देशव्यापी अभियान
पावन मकसद है भ्रष्टमुक्त हो
हर सरकारी संस्थान
भ्रष्टमुक्त हो भारत अपना
क्या इस सपने से कतराते हो
यदि नही तो फिर क्यूं सरकार को
यूं ही कोसते रहते हो ।।7।।

विश्वपटल पर बिना दबाव
स्व पक्ष रखने का दमखम है
दुनिया को अब जता दिया है
भारत किसी से नहीं कम है
भारत विश्वगुरू होगा
क्या इस पर संदेह जताते हो
यदि नहीं तो फिर क्यूं सरकार को
यूं ही कोसते रहते हो ।।8।।

40. खेलो न तुम प्रकृति से यारों

खेलो न तुम प्रकृति से यारों
न जाने कब ये खेल कर दे
सुख सुविधा की आस में हो
जिंदगी कहीं गमों से न भर दे
आकाश, पाताल, जल, जर्मीं से
पहाड़, जंगल ये कहीं से
समय, बेसमय कहीं पर भी
आफ़तों की बारिश न कर दे
खेलो न तुम प्रकृति से यारों
न जाने कब ये खेल कर दे
ताकत प्रकृति की न आजमाओ
संसाधनों को यूँ न मिटाओ
न जाने किस घमंड में हो
पल में, वो चाहे, चकनाचूर कर दे
खेलो न तुम प्रकृति से यारों
न जाने कब ये खेल कर दे
मौज का आलम, जब तलक शांत वो
दूर न पहुँच से, कोई देश प्रांत हो
गुमान किसी बात का, करना फिजूल है
एक करवट धरा की, दहशत से भर दे
खेलो न तुम प्रकृति से यारों
न जाने कब ये खेल कर दे

कद्र कर लो, प्रकृति से प्रेम जगाओ
जल, जंगल और ये पहाड़ बचाओ
मानो न मानो प्रकृति का नियंत्रक
कोई तो है जो जिंदगी सरल कर दे
खेलो न तुम प्रकृति से यारों
न जाने कब ये खेल कर दे

41. यदि यक़ीं स्वयं की क्षमता पर

चाहे,बादल बहुतेरे आयें, या घनघोर घटाएँ छायें
कम तो कर सकते हैं प्रकाश, सूरज को रोक न पायें
ये काली काली घटाएँ, छाती हैं छाती रहेंगी
रवि तपन देख ये सारी, पल पल छितराती रहेंगी
सूरज अपनी ऊष्मा की मौलिकता धारे हुए है
किरणों के ज़रिये धरा पर, वो पाँव पसारे हुए है
किरणें सूरज की धरा पर, बिलकुल भी पहुँच न पाये
गहरे काले मेघों ने, यूँ अड़ंगे बहुत लगाये
किंतु रवि प्रतिभा के वे, आगे टिक न पाये
आगे बढ़ते कदमों से, वे इधर उधर छितराए
हम छद्म, दंभ, खोखलेपन के, आडंबर को हटायें
संकल्प साध, मौलिकता की, अपनी ऊष्मा को बढ़ाएँ
यदि यक़ीं स्वयं की क्षमता पर, जो चाहोगे पा लोगे
मेहनत का मीठा फल प्यारे, फिर निश्चय ही पा लोगे

42. मजबूत हैं हम मजबूर नहीं

असफल हुए पर हताश नहीं
निराश हुए पर त्यागी आस नहीं
मजबूत हैं हम मजबूर नहीं
जब हौसले बुलंद तो चाँद दूर नहीं

चंद्र यान तीन की जो कहानी है
वैज्ञानिक प्रतिभा की, सफल निशानी है
विश्वपटल पर अंतरिक्ष में भारत की
यह धाक सभी ने मानी है

जो ठानता हैं वो कर गुजरता है
हर संकट में मजबूत, हो, उभरता है
वो कोई ओर नहीं मेरा भारत है
जो हर परीक्षा में खरा उतरता है

अभावों को बाधा बनने न दे
अरमान दिलों के मरने न दे
इस धरा से आसमाँ में चाँद तक
तिरंगे को कभी झुकने न दे

यह नया भारत है जता दिया
ठोक बजाकर जग को बता दिया
जिन जिनके दिल में जो संशय थे
उन सब संशयों को मिटा दिया

43. देश अब रुकने वाला नहीं है

विश्व गुरु का ताज फिर से,
पाने को यह देश मेरा ।
कदम आगे रख चुका जो,
अब ये रुकने वाला नहीं है॥

सोने की चिड़िया कभी था,
फूट से, सब लूट ले गये।
एकजुट अब हो रहे हैं,
अब लुटने वाला नहीं है॥

झुकना पड़ता था, वक्त संग
जब देश ताकतवर नहीं था।
बीते दिनों की बात है वो,
अब झुकने वाला नहीं है॥

चाँद के दक्षिणी ध्रुव पर,
पहुँच कर दिखला दिया है।
इस जमीं से आसमाँ तक,
अब ये रुकने वाला नहीं है॥

आस्था स्थल हमारे,
चमकने फिर से लगे हैं।
ऐसे मानक रच दिये अब,
काम थमने वाला नहीं है॥

देश में जो यत्र तत्र,
बम, धमाके गूंजते थे।
आतंक के उन आकाओं को,
कोई पूछने वाला नहीं है॥

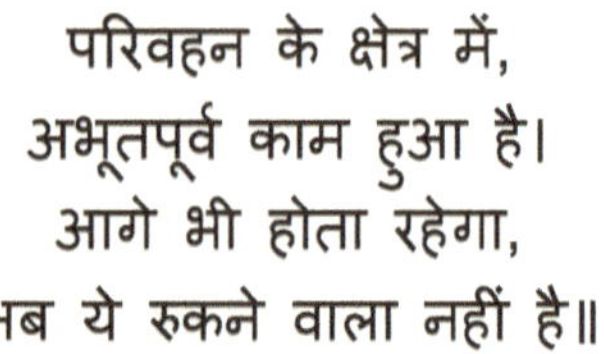

परिवहन के क्षेत्र में,
अभूतपूर्व काम हुआ है।
आगे भी होता रहेगा,
अब ये रुकने वाला नहीं है॥

पार सरहद से जो गीदड़,
भभकियाँ देते थे हमको।
उनको भी समझा दिया कि
भारत डरने वाला नहीं है॥

वसुधैव कुटुम्बकम् का,
पाठ फिर से जग को पढ़ाया।
सांस्कृतिक मूल्यों से पीछे,
देश हटने वाला नहीं है॥

देश के चहुँमुखी विकास के,
नये नये आयाम छूने।
देश आगे बढ़ चुका है,
अब ये रुकने वाला नहीं है॥

www.ingramcontent.com/pod-product-compliance
Lightning Source LLC
Chambersburg PA
CBHW031505150726
47990CB00007B/2869